꽃은 한 번밖에 피지 않는다

김영수 시집

목차

INTRO 라싸의 거리에서

창앙가조   8

라브랑 사원입니다   10

고원의 독수리   12

천장터天葬台   14

아마阿媽의 말씀   16

우리는 지금 돌아오지 못하며 떠나가고 있다

봄은 오는 것이 아니다   20

청명   22

꽃은 한 번밖에 피지 않는다   24

사월   26

오월 나뭇잎   29

가을 사냥   30

가을 장터에서	31
가을 1	35
가을 2	36
가을 빛	38
추석 달밤	39
일곱 편의 하이쿠	40
겨울 도시에 매화꽃이 필 수 있을까	42
겨울강	44
겨울 소곡	46
겨울 가로수	48
2019-nCoV	50

길은 아침이 되면

가로등	54
촛불	57
도시의 밤	58
에밀레종	60
심연	62
단톡방의 삶	64

새해에는	66
좋은 책을 펼치면	68
한글	70
길	72
대머리가 되는 꿈	74
넘어진 교수님의 문학강의	76
첼로	78
순리	79
길 가는 법	80
누구도 탓하지 않았다	82
녀석들	83
추락하는 것은 날개가 돋는다	84

경이로운 꽃 숲 위를 스쳐

죽음 직전의 사랑	88
무상	89
고독	90
비누	92
어느날 오후	93

벽 94

신라의 연꽃 96

접시 98

사랑한 적 없다 100

고전의 빛 아래 102

나비가 태어나는 순간 104

한 마리 숫사슴처럼 106

훗날 당신을 만나면 108

님 1 110

님 2 112

님 3 114

이제 사과배를 정직하게 이해하는 시간

별들의 숲 118

진달래꽃 120

사과배 122

꽃씨 125

꽃나무 126

지렁이 128

죽음을 앞둔 신천옹	130
양	132

OUTRO 가난한 시절

아버지	134
곱돌비빔밥	136
어머니 1	137
어머니 2	138
형	140
누룽지	142
미역	144

라싸의 거리에서

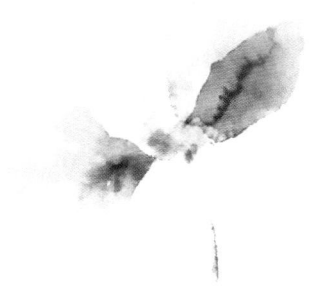

창앙가조*

매화가 깨어나는 계절
라싸의 거리에서
창앙가조를 만났네
"백정이시여"
나는 크게 소리 질렀지
빙그레 웃던 그가
비파를 꺼내들고 연주하였네
나르시시즘에 물든 애욕의 피가
님의 노랫소리에 춤추며
골목 골목
매화꽃으로 피어나니
나무초리에 밝은 달이 돋았네
꽃 사이를 흐르며
라싸의 꿈속으로 들어온 님이시여
님의 꿈속으로 들어간 이들이시여

사랑의 게임에 현혹되어

깨끗하게 모가지를 잘린 아름다움조차 몰랐네

백정이시여

늑대여

마음이여

함께 춤을.

* 창앙가조: 1697년 티베트의 제 6대 달라이라마가 된 인물. 1706년 23세의 나이에 행방불명되었다. 라싸의 민가와 술집을 자주 다녀 세간의 논란이 되기도 하였다. 그가 쓴 다수의 사랑시들은 사실 남녀간의 연정을 빌려 사람들을 깨달음의 길로 이끄는 은밀한 방편적 수단이었다.

라브랑 사원입니다

"라브랑 사원입니다.
순례하시는 분들이 많이 적어졌어요."
어느 시인이 보내준 메시지다
고원의 사원을 맑은 눈으로 켜두고
순례하던 그 많던 사람 어디로 갔을까
세상의 어둠을 감지하고
심지에 불붙이고 떠난
감미로운 영혼들

이들은
라브랑 사원에서 버터향을 은은히 남기고
한 줄기 푸른 연기로 사라졌을 수도 있다
혹은
바람 무성한 날 가슴이 약한 새들이 날지 못하는
저녁을 지켜주기 위해
세상에 몰래 돌아와

전기 없는 시골의 램프등이 되었을 수도
눈빛이 수척한 늙은 번대머리 수리를 불러와
무상이 깃든 육체를 먹여주고
함께 만년 설산을 넘었을지도 모른다
나는 모른다
라브랑 사원이 얼마나 장엄한지
어떤 경전들을 읽으면서
부처님을 모시고 있는지
나는 불교도가 아니고
라브랑 사원은 종점이 아니기에

가슴이 가리키는 방향으로 가면
세상 끝 척박한 땅에 이르리라
그곳이 순례자들의 목적지다.

고원의 독수리

적막한 고원의 하늘에서
폭풍을 안고 춤을 췄다
독사의 무리와
죄 지은 자의 사체를 포식하고
영롱한 소리로
그들의 영혼을
쪽빛 하늘에 쏘아올렸다

'승무'의 춤으로 호수에 날아들어
푸른 눈길로 제 그림자를 바라보며
두 날개로 한 몸 위로하는 모습
산과 계곡을 넘어
서쪽 하늘을 바라보니
매화꽃이 비명을 질러

지천에 불이 붙는다
티끌을 떨쳐버리고
칼날 같은 날개를 쭉 펴
가파른 산으로
햇살이 되어 흘러가고 있었다.

천장터 天葬台

번대머리 수리들의 연회가 열리는 곳
죽은 자의 육체는 흙처럼 부서진다
새들의 만찬이 시작되고
영혼은 두 눈을 뜨고 고백을 하리라
죽음이란 결코 자유롭지 않았음을
삶이라는 한 철 개울가에서 빚은
그대라는 토우土偶의 눈빛 속에 비친 세상은
흘러가는 상징이었음에도 근엄하였다
새들의 불타는 눈을 바라보며
육체가 타들어간다
드디어 한 줄기 연기로 사라지면
영혼은 한 생을
남김없이 드러내며
죽음의 신들이 강림한 허공 위에
카르마의 환영을 휘뿌려 놓는다

천장사天葬師의 칼날 너머
환영은 파도가 되어 출렁이고
거대한 물결이 달려들 때마다
몸서리치는 번대머리 수리들은
허공의 강변에서 서성이었다
계절이 지나가며 흩어진 꽃들이
수장당한다
나는 나에게 물었다
저 강을 건너갈 준비가 되어 있느냐고
나는 번대머리 수리에게 물었다
훗날 내 육체의 향연을 즐기고
설산을 날아갈 준비가 되었느냐고.

아마阿媽*의 말씀

저녁 어둠이 들어섰다
영상통화 너머는 환한 대낮이었다
전통옷을 입은 구척장신의 티벳 친구가
판다처럼 앉아서 후덕한 미소를 짓고
아마阿媽는 햇볕에 검게 된 손으로
짠바糌粑에 쑤유酥油*를 버무려
단출한 식사를 하셨다
"얘야, 우린 손은 검지만 마음은 하얗단다"
몇 년 전 여행 갔을 때
난로에 마른 야크똥을 넣으며 하시던 아마의 말씀
밖에서는 아마의 마음을 닮은
싸락눈이 산과 들을 덮는다
2층집 너머로 불탑돌이 하는
티벳인들의 발걸음이 평화롭고
하늘 끝에서 온 붉은 색 부리를 가진 새들이
탑 꼭대기에서 날개를 접었다

TV도, 쇼핑몰도 없다
여름이 되면 아마는 아침 일찍 일어나
야크 젖을 짜거나 녀석들을 몰아
두견화 만발한 초원으로 가고
친구는 캉바康巴*의 거침없는 사랑노래 들으면서
사원의 승려나 여행객들을 차에 실어 나르며
돈벌이 나선다
저녁이 되면 모자가 마주 앉아
식사를 하거나 불경을 외며
둥근 미소를 짓는다
지금도 그곳의 초원 냄새와
청해호*처럼 맑은 하늘에서 날아온
햇빛들의 묵향이 스며든다
그들의 단단한 믿음이
흰 얼굴을 한 가난한 자의 마음을 안아주고 있어

눈시울을 붉힌다

함박눈 내리고 어둠이 깃들면

초원의 들꽃처럼 살아온 아마의 백발머리 위로

별들이 은하수 되어 바다로 흘러갈 것이다

눈부신 밤하늘을 우러러보며

나를 사랑했던 적이 있었다.

* 아마: 티베트어로 '어머니'
* 짠바에 쑤유: 목축업과 쌀보리 재배를 주로 하는 티베트인의 주식. 짠바는 쌀보리를 볶아 만든 가루, 쑤유는 야크 젖으로 만든 유지방. 짠바를 쑤유차와 섞어 먹는다.
* 캉바: 티베트 동부 지역으로 사천성 서부와 운남성 북부를 포함. 캉바 노래는 선율이 아름답고 유려하며 구성지기로 유명하다. 독특한 지역적 색채를 담고 있다.
* 청해호: 중국 칭하이성 동부에 위치한 전세계에서 가장 큰 염수호. 청해호는 6대 달라이라마 창앙가조의 열반지로 추정된다.

우리는 지금 돌아오지 못하며
떠나가고 있다

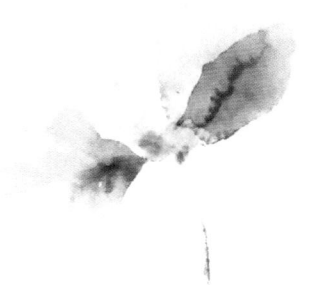

봄은 오는 것이 아니다

봄은 오는 것이 아니다
봄은 왔지만
창가를 서성이며 봄을 기다린다
이유가 없다
물物의 논리에 길들여진
나와 그대의 경직된 몸짓이
영혼의 가난을 만들었고
저 뒤안길을 바라보며
참회의 눈물을 흘리는 것은
봄을 사랑하기 위해서이다

봄이 온다는건 물物의 논리이다
그들은 사람을 보지 않고 봄을 말한다
그리하여
이 봄날
건강하고 성실한 대지에

봄은 오는 것이 아니라
깨어나는 것이라고
잠꼬대처럼 중얼거리고 있다.

청명

별들이 푸른
청명날 밤
옷매무시 다듬고 십자로에 나가
공손한 몸으로 서서 조상들을 맞이한다
살아온 삶을 낱낱이 술회하고
그들을 설레이게 하는 날
그리운 날 모아두었다가
마음 밝아져 울컥하는 청명이면
밤을 부여잡고 세상과 저승
귀담아 듣지 못한 말에
가슴이 별빛처럼 부서지며 눈물 흘리고 싶다
살아온 삶의 괴로움만큼
사랑이 한 곬으로 깊어 허약한 날은 많았다
꽃처럼 대지를 열어두고
찰나의 흐름에 예리하지 못해
사람이란 이름으로 뒤척이던 세월을

그날을 되돌아보며 나는 왜소했다
잘 익은 술 한잔 조상님께 정중히 올리며
수많은 아버지들에게서 사랑의 법 물려받기 위해
내가 아닌 그들 삶의 길로 다가가기로
이 밤에 홀로 선 호흡소리는 청명했다
부디, 수많은 시공을 거슬러
나를 찾아 심어 놓은 유전遺傳의 꽃씨들이
별처럼, 꽃처럼 얽히고 설키며
내 안의 대지에서 피어나시기를.

꽃은 한 번밖에 피지 않는다

계절마다 피는 꽃이 같다는 건
착각이다
꽃은 단 한 번밖에 피지 않는다

오랜 세월 한 사람과 함께 했다는 건
착각이다
사람과는 단 한 번밖에 만나지 못한다

꽃과 사람, 흘러가는 모든 것에
얼마나 아는 것처럼 오만했었고
우리는 남몰래 상처를 가졌는가

세월의 강물이 가슴을 뚫고 지나는 동안
수많은 돌덩이를 휘뿌렸지만
아직 별이 되진 못했다

그러나
캄캄한 밤하늘 고개 들어
쉴새 없이 흘러가는 은하수 보았는가

꽃은 한 번밖에 피지 않고
사람은 한 번밖에 만나지 못한다.

사월

나무 의자에 앉아
사월 오후의 햇빛을 바라본다
늙고 젊은 고전의 햇빛들을

전광화석처럼 모였다가 부서지며
발밑으로부터 살며시 올라와
그들은 많은 이야기를 들려준다

그러면
떠오를 듯 말 듯한
두고 온 간이역의 삶이
깊은 곳에서 글썽거리고
당혹스러운 마음은
빛나는 봄을
벚꽃처럼 한바탕 흐르고야 만다

홀로 가는 길에는
계절이 몸부림치며 먹먹하게 한다
느닷없이 사월의 이른 꽃들에 얕보인
먼 나라의 감성이 나를 흔들면
의연했던 눈빛이 꽃잎처럼
대지를 떨어져 나간다
나는 봄날을 가볍게 지나지 못한다
가야 하는데 가야 하는데 하면서
사월 속에 갇혀 버린다

사월의 봄에는
못다한 이별과 남겨진 사랑이
아지랑이처럼 피어오르며
푸른 빛들로 서성인다

찬란한 사월의 근처에

무성하게 피어나

예리한 가슴 속에서 뻗치는

기억 속 흐름을

어찌하란 말인가

사월이란

희망과 무심한 절망 사이

광년의 과거와 피안 사이를

노젓게 하는 잔혹한 계절이다

연민의 눈을 뜨고

사월의 삼생석三生石*을 어루만지며

오월로 어렵게 다가가는 계절이다.

  * 삼생석은 의리와 믿음, 생명의 영원성, 삼생을 가로지르는 인연을 의미한다.

오월 나뭇잎

어두우면 불이 켜진다
지금 막 돋아난 시들이
푸른 별빛을 켜고
오월의 길목에서 설레인다
겨울에 갇힌 한 사람을 보내고
새가 되어 나뭇잎 사이를 떠돌고 있다.

가을 사냥

빛새들이 하늘을 흘러가는
오후의 가을에는
사냥을 가리라
사랑하는 달팽이를 이끌고
시의 영물이 쏘다니는 자유의 들판 속으로
단풍잎이 우거진 수림 속으로
가을 바람과 시린 빛 속을 열고
그 안으로까지 잠복하다 나오리라
내 휘파람 소리에 달팽이가 짖었고
펜싱의 쌍검을 떨었다
시의 영물이 늘씬한 빛의 다리를
번뜩이며 가을을 뛰어가고
풀벌레가 울음을 쏘아대는
눈부신 황금빛 대지 위
넋을 놓은 나를 바라보며
달팽이가 초조하게 기웃거렸다.

가을 장터에서

사람이 떠나간 빈 자리엔
코스모스가 서성인다
몸부림치지 않는
코스모스는 없다
근원적인 운명의
자유를 사랑할 수 밖에 없었기에
혹은 인간은 인간적으로
가끔 비열해서
자유롭지 못하기에
사람을 미워했을 수도
미워했는데도
우리는 이미 어떤 사람도
용서하지 않으면 안 되었다
인생은 무지한 역설이고
역설의 소란은 끊임없다
장터를 지나는 우리의 인생에

생각보다 아픔은 많다
슬픔은 한 줄기 비처럼 무너지며
처마 밑으로 우릴 모이게 하고
구석진 곳에 눈길을 주었더니
초라한 행색의 나그네가
거울을 꺼내 들고
수염을 그윽하니 깎으며 웃는다
어둑진 곳에서도
우리는 얼마나
조심스럽게
아름다울 수 있었던가
그럼에도 삶의 많은 부분은
난전에서 소비되는 과일처럼
팔리고 내버려졌다
아무렇지도 않은 듯
누구의 과일을 탐욕스럽게 먹다가

날렵한 탐욕의 이빨에
손가락과 혀를 물렸다
그래도 밤이 지나면
장터의 모퉁이에
코스모스는
소스라치게 피어나지 않는가
삶의 끝없는 치욕 속에서
눈길을 건네지 않았을 뿐
이슬은 새벽이면 잎을 적시고
어린 짐승처럼 사라졌다
졸렬한 장터에도
각자의 이름은 한 번씩 빛나고
소슬한 바람이
귀밑 머리를 스치면
코스모스가 야윈 목을 빼들고
시름겨운 이야기에

귀를 기울였다
비는 그치고
자신을 믿을 수밖에 없도록
깨끗한 하늘이
작은 길 하나 열어주고
가을 빛이 여명처럼 쓸고 가는
장터 골목을
우리는 지금 돌아오지 못하며
떠나가고 있다
안녕
가슴 한 곳의 정원에
저마다 심어놓은
장터의 코스모스여.

가을 1

가을 빛새들이 긴 날개를 출렁인다
낙엽을 비오듯 맞으며
석류를 주웠다
후미진 골목길을 걸어나온
가을이 나에게 내민
검붉은 심장을
덥썩 깨물었더니
산화된 껍질 속
불타올랐던 것들이
서늘한 피를 흘리며
울음을 터뜨렸다
인내하던 한 철 갈증을
자지러지게 풀고
청자빛 촉감의 목을 길게 빼
빛새들이 우는 초원의 하늘을
튼튼한 사슴처럼 그리워하였다.

가을 2

가을 바람이 분다
낙엽이
새떼가 되어 날아든다
젊음이
연못의 잉어처럼 살아 팔딱인다
무성한 햇빛이
조카아이처럼
골목길을 뛰어가고
눈빛이 가을 코스모스 피듯이
자지러지게 피어날 즈음
땅에서 새들은 박차오르고
벌레가 먹기 시작한 푸른 잎새는
열매를 등에 업고
나무 위에 매달려 있다
사이 하늘로
화살처럼 가르며 흘러가는

살찐 가슴 기러기의 울음소리 들리고
거칠 것 없는 대지의 강건한 땅 위로
뿔 하나 내민 늙은 코뿔소와
조금은 지친 치타가 멀리서 달려가고 있었다.

가을 빛

가을 빛은 님의 손에 들린 싸리빗자루
골목골목 눈부시게 쓸어가는
청청 가을빛 속에 내 마음을
소복소복 김장하오니
어제 오늘 내일 할 것없이
나는 이 가을의 빛나는 왕이로소이다.

추석 달밤

산천을 흐르는 물은 산천에 묻지 아니하고
어둠을 건너는 달은 어둠에 잠기지 않는다
물빛, 달빛 가르며 날아가는 기러기떼여
심사 없이 남국을 꿈꾸니 가을꽃은 떨어지네.

일곱 편의 하이쿠

가을 낙엽
새떼처럼
땅으로 우야-날아들고

무성한 햇빛
조카아이처럼
온 거리를 뛰어다니는 오후

청포도를 등에 업은
벌레 먹기 시작한 이파리들 위의
눈물빛 하늘

가슴 야윈 종달새
먹구름 따먹으러
화살처럼 하늘 가르고

노루뿔같이
튕겨 나오는 젊음
치타의 심장같이 울먹거려

물가로 뛰쳐나온 청개구리
눈 껌뻑하는 사이
개구리 되어 버리고

점잔 빼는 사십대
봉급 들어오는 날
붕어처럼 살아 팔딱이네.

겨울 도시에 매화꽃이 필 수 있을까

동면하는
겨울 도시의 꿈에는
추운 한철을 보내야 하는
이들의 이야기로 가득하다
사람들은 환영 속에서
고슴도치처럼
각자의 꿈을 연명하였다
겨울 하나씩 품고
태초의 아담 갈비뼈로 높이 세운
도시의 쇠창살 사이로
밤낮의 윤회 속에
진눈깨비가 휘날리면
사람들은 깊은 밤
여덟 개의 문이 달린 왕국에서
동면에 든 도시를 트리로 장식하고
경건한 삶이라고 노래부를 것이다

모든 역사와 철학들이
꿈의 무대로
이슬처럼 사라져야 하는 시간
겨울 속 도시가 노아의 방주가 되어
여덟 개의 망망대해를 지나는 동안
겨울 홍수는 범람하고
사람들은 신을 비웃으리라
겨울 도시에 매화꽃이 필 수 있을까
잠이 든 광장 속으로 가시나무새가
수난의 십자가를 짊어지고 추락할 때
사람들은 가시나무새의 매화꽃 울음을
귀담아 들을 것인가
겨울잠 자는 도시에
사람들은 눈꽃처럼 대지에 피어나
사랑을 다독일 새 없이
사라지리라.

겨울강

수척해진 겨울강이
어둠을 지나서
몸을 뒤척이었다
겨울강을 건너가던
별들이 은하를 만든다
물고기들이 눈을 떴고
강은 밤을 새웠다
물고기 눈빛을 한 별들이
밤의 영을 넘어 추방된 계절을 불러오면
계절을 노아의 방주에 싣고 역류하던 은하가
부끄러운 자들의 가슴 위로
오로라의 닻을 내린다
계절이 돌아올 즈음
물고기들은 한 여름의 광장에서
어떤 삶을 꿈꾸고 있을까

홍수로 한철 범람했던
겨울강의 야윈 몸을
별들이 뜬 눈으로 지켜섰다.

겨울 소곡

한 겨울
집안의 따뜻한 온기에
동상을 입은 마음이
한자리를 맴돌며
우울한 날갯짓을 한다
광야의 붉은 사슴 되어 울부짖던 신화는
추위가 몰려든 심장 밖으로 추방되고
아픔을 깨친 연민의 새싹들은
대지에서 자취를 감추었다
풍요로운 배고픔이 만들어낸
영혼의 눈물 빛이여
창문을 활짝 열고
매화꽃 흐르는 광야로 질주하리라

한파를 푸른 가운처럼 두르고
나무들 사이로 별처럼 흘러들며
시공을 거슬러 태양의 고장으로 날아가리라
영혼을 녹이는 첼로의 빗소리
나는 흔들리지 않는 눈빛으로 바라보았는가.

겨울 가로수

가로수들이
도심을 지나간다
올 겨울은 추웠다
혹자는 링거를 꽂고
쓰러지는 자의 손을 잡고 걸어가기도 했다
실면한 가로등에 의지해 온기를 얻기도
창백한 건물 뒤에 숨어 바람을 피하면서
광장에서 달리기도 했다

큰 눈이 내리면 한밤중 외마디 소리가 들렸다
꺾인 손과 잘린 손목이
가리키는 길로
어깨 겯고 걸어갔다
길을 만들지 않으면 안되었다
칼바람이 뚫고 지나는 머리를
휘청이며 걸어갔다

가는 호흡의 끈을 부여잡고
새들의 발목을 잡고 울기도 하면서
말라빠진 여름날의 손수건을
꺼내 흔들며
서로의 눈물을 닦아주기도 했다.

올 겨울은 말 못하게 추웠다.

2019-nCoV

코로나가 쓰나미처럼 대지를 덮쳤다
죽음이 만연한 땅에
일상은 넋을 잃었고
사람은 티끌이 되었다
역사는 반복된다
날카로운 메스로 바이러스를 해부하고
그 안을 들여다보면
분노의 돌기들이
살육의 과거사를 둘러싸고
인류를 향한다
평화로웠던
자연의 고통이
사람들의 혈관 속을 침투하며
통증으로 낙인 찍는다
세상의 아비규환을 외면하며

회색빛 자연과
비명에 죽은 생명들은 저항했다
존엄은 인간에게만 있는 것이 아니라고
대자연 앞에 겸손하며 살았던 지혜와
사람이 다가오면
최고의 연회를 베풀던
족속들의 전통은
전설이 되었다
불신의 거미줄로 덮인 세상을
바이러스는 무리지어 줄타기를 한다
이방인들이 아메리카 대륙의 인디언을 살육하며
대지를 포식하듯
육식을 위해 아마존이 불태워지듯
인간이 설 자리가 위태로워지고
상처입은 인간의 폐는
하얗게 재가 되었다

흰 나비들이 강 너머 흘러가 버렸다
죽음의 신이 강림한 세상은
모든 것을 멈추어 세웠다
봄 앞에 다가서려는 사람들은 망설인다
축복의 대지를 앞에 두고
유폐된 공간 속에서 어린 아이처럼 서성인다

삶이 아닌 이 삶을, 민들레꽃 피는
저마다의 고향에 돌아가
자연 앞에서 눈부셨던
자신을 건져 올릴 시간
아니 조용히 사랑할 시간
존엄이란 자연 앞에서, 자신 앞에서
늘 부끄러워 하는 것이다
사람은 위대하지 않았다.

길은 아침이 되면

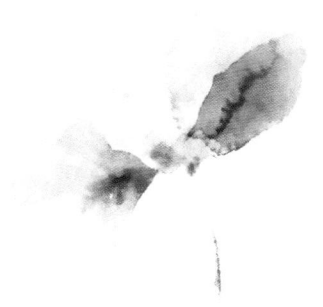

가로등

나는 경직된 몸으로
서 있었다
빛을 창처럼 치켜세우고
창백한 몸으로
어둠을 바라보았다
어둠은 주위에 몰려들어
서성이면서
내 안을 들어오지 못해
사람처럼 울었다
밤이 깊을 수록 나는 빛발을 뽑아들고
날 세운 이성의 이빨을 드러내었다
한 치의 양보 없이 빛과 어둠의 경계를 만들며
잠 못 드는 자의 밤과
밤이 그리운 자의 꿈을 추방시켰다
나는 밤길을 오가는 도시의 행인과
눈을 맞추며 약속했다

눈부신 빛이 되어 주기로
대신 그들이 지닌 신화를 해부하고
어둠이 되면 그 잔해를 연소시키며
새로운 에너지를 만들어
밤의 나라를 사냥하리라고

그들의 어깨에 앉아
빛의 추위에 떨고 있는 신은 말했다
죽어서 여덟 개의 눈을 뜰 때,
양귀비꽃처럼 피어나
춤추는 영혼들의
가슴 한가운데 블랙홀이 필 때
그 사이에 오리라고

오늘밤 나는 가냘픈 목을
사슴의 목처럼 세우고

도시의 밤을 행진한다
골목마다 가로등 빛은
밤의 냄새를 맡으며
짐승처럼 울부짖는다.

촛불

빗물을 머금고
하얀 붓이 어둠을 향해
긴 침묵으로 서 있다
획을 긋기 전에
심연 속으로
부서지며 피어나는
뜨거운 꽃이 되어야 함을
눈물을 왜 흘려야 하는지도 알고 있다.

도시의 밤

밤이 오면
가로수 잎을 추잉껌처럼 씹으며 서 있는
가로등이 보인다
빛은 창백한 물결이 되어
섬이 된 사람들 사이로 흐르고
그물에 옥죄인 바다사자가
무너지며 울부짖는 소리가
도시의 골목길에서 들려온다
삶에 사육당하는 사람들은
그 소리에 흠칫해서
담배 연기로 굳은 폐를 달구거나
슬픈 눈길을 들어
어둔 하늘을 쳐다보고는
돌로 만든 집으로
잠수해 버린다

도시에는 그물이 널려 있다
섬과 섬 사이
얼기설기 뻗은 칼날의 도로 위로
허공의 거미줄 사이로
생명의 자유의지를 잃은
은빛 언어들이
서로의 몸뚱이를 탐식하며 늘어진다
날카로운 먹이 사슬이
바다사자의 유혹이 되고
죽음의 함정이 되었다
밤의 도시는
상처 자욱한 네온사인으로 가난하다
어둠의 독수리가 도시의 심장을 쪼아 먹는다
도시에는
섬만 있을 뿐
바다사자가 없다.

에밀레종

이슬 같은 한 인간의
야망을 기리기 위하여
힘 없는 신라의 어머니가
삽짝문을 밀고 나와
갓난 아이를 내 주었고
진리의 명분으로
에밀레종이 탄생하였다
종소리가 맑아졌지만
안에서
어머니를 부르는 소리는
애처롭기 짝이 없었다
우리는 어머니를 잃고
에밀레종을 만들던
불 속에 던져진 아이들이다
스스로 뛰어든 나방들이다

탐욕을 살찌우며
문명을 사육하는
장엄한 사원의 종루에서
우리는 뜨거운 몸으로 녹아서
비명을 질렀다
목놓아 울었던 신라의 어머니는
사원의 창백한 비석으로
말이 없다
우리는 사원의 종鐘이 되었다
문명의 종從이 되었다
사원이 무너져
흙의 원소가 될 때
우리는 자유를 되찾을 것인가.

심연

심연이 보인다
화려한 미소의 끝에
절벽이 다가선다
사람 사이를 누비며
심연이 되어 버렸다
거대한 흡반들로 상혈된
도시의 블랙홀 정글
어둠 속 깊이에
장미처럼 피어나다
풀처럼 엎드렸다
짐승처럼 신음을 토했다
가면을 쓰고
과일 밭에서 조심스럽게
과일을 쪼아 먹었다
가위 눌린 심연으로
의연한 척했다

사랑하는 척
겸손한 척했다
어린아이보다 용기 없는
어른들의 지성을
심연 속으로 긴 터널을 만들었다
조금 비열했지만 사악하진 않았다
숯이 된 흑장미를 물고
심연이 심연을 향해 다가서려다
더 깊은 어둠을 만들고 마는
굴뚝새가 있었다.

단톡방의 삶

빈 둥지가 된 단톡방이
한철 개울가에
촘촘히 꽂혀 있다
방 속의 존재들이
광장에 새겨 놓은
언어의 무덤 앞에
각자의 비석이 세워져 있다
한 순간도 죽지 않는 삶은 없다
내일과 추억의 허상을 만들며
하모니를 연주한
언어들이 방황하며 죽었다
단톡방이 낙엽처럼 날리는
가을 길목에서
실어증에 걸린 사람들이
묵념의 애도를 한다

단톡방에 언어를 묻고 나온 헐벗은 사람들이
이 계절에 얻은 건
상실된 계절과
실존의 박제가 되어 버린 자신이다
모든 것이 떨어져 나가고
실체를 드러내는 대지의 침묵 속에서
사람은 가벼운 철새가 될 수 없다.

새해에는

새해에는 애인의 유혹 같은
스마트폰의 덫에서 벗어나리라
푸른 숲을 찾아가
나무들과 사랑을 하리라
새해에는 뉴스의
섬뜩한 골목길에서 탈출해
햇빛이 줄느런히 앉아있는 광장을 들어가리라
빛과 함께 그들의 기원에 관한 이야기를 나누리라
새해에는 풍요로운 음식의 유혹에서 자유로워지리라
살찐 육체와 영혼을 부끄러워하며
간절한 마음으로 배고픔을 공부하리라
새해에는 다른 사람의 시선을 개의치 않으며
자신에게로 돌아가리라
가을 낙엽을 보며
한 철이 사람처럼 지나감을 알리라

새해에는 마법의 주문 같은 불안 속을 뛰쳐나와
흔들리지 않는 눈빛으로 발 밑을 살피리라
정중히 홀로의 집으로 들어가고
문 앞에서 신발을 똑바로 놓으리라
새해에는 변비증을 유발하는
과거의 기억 속에서 헤쳐나오리라
발뒤축에 묻은 애착을 떨쳐 버리고
순간의 흐름에 별처럼 안주하며
눈 뜨고 죽지 않으리라
눈 뜨고는 죽지 않으리라.

좋은 책을 펼치면

좋은 책을 펼치면 나무 냄새가 난다
아니 숲의 냄새와 새소리를 들을 수 있다
좋은 책을 펼치면 세월은
환영이라는 것을 알 수 있다
바쇼와 잇사를 만날 수 있고
가난한 오두막 속에서
시심과 자비를 잃지 않은
그들의 서성이던 뒷모습을,
'흰 구름'이라는 이름 가진 인디언 추장과
'착한 새'라는 인디언 소년을 만날 수 있다
대지의 심장소리를 들으며 무소유를 실천한
그들의 아이같은 미소를 볼 수도 있다
신화의 꽃을 피워 '홍익인간'의 씨앗을 챙겨준
조상의 큰 손과
그들의 유훈을
잇사와 인디언, 선인의 삶을 양육한

동굴 속 여인의 기도하는 모습과
전생의 아내와 누이를 만나
그들의 삶을 눈물겹게 볼 수 있다
수천년 전 물방울로 이룬
나의 모습이 어찌하여
강물을 이루고
바다로 나아가야 하는지
좋은 책은 나의 눈빛을 이끌어 주고
등불이 되었다
책을 펼치면
바이올린을 연주하는 경건한 자세를 배운다
좋은 책을 펼치면
자연에 안착하며 사람다운 사랑을 하는
사람들이 보인다.

한글

어둠을 가로지르던
족속이 남긴 흔적
한글은 아름다운 별무리다
별을 머리 위로 켜 두면
나는 어느 가람의 젖줄기 속에서
푸르른 자맥질을 하였는지 알아 버린다
그들이 가리킨 방향으로 강물은 흐르고
한 무리 흰 사슴의 성원이 되어 달려왔다
어느 이름모를 정글의 쉼터에서
별무리가 뿔 위로 내려앉고
먼 나라의 이야기를 들려주면
총기로 다듬어진 눈 빛살 사이로
부드런 귀는 여명처럼 밝아지고
나는 유연한 눈빛과 소리로
이 밤을 서있었다

돌아가신 할미가 꿈에서 떠놓은
정화수 장독대 옆으로
푸른 빛들이 꽃처럼 울어대면
나는 비로소 사슴으로서의
울음을 울 수 있었던
원초의 자유를 느낀다
밤하늘을 향해
온 마음으로 좌표를 그리다 지칠 무렵
별무리가 신들리듯 춤추며
하늘에서 미소짓는다
나는 지금 간이역의 아픈 꿈을 꾸고 있다
은하로 흐르는 강은 여러 갈래
나는 내 가람을 따라
어둠을 뚫고 가고 있을 뿐
저 별들은 천상의 부호들이었다
길이었다.

길

길은
아침이 되면
사람보다 먼저 깨어난다
사람들을 품고
일터로 학교로 땀 흘리며 질주한다

길은
저녁이 되면
집을 향해 사람들을 다독이며 달린다
늦은 밤 마지막 한 사람을 보내고
어둠 속에 휘청이는 몸을 낮게 드리우며
길은 몸부림쳤다

때로는
생명이 꽃처럼 울면서 피어나면
길은 그 누구보다 힘껏 뛰어간다

어느날은
죽음의 장막이 한 줄기 비처럼 무너지는 곳으로
슬픔이 안개처럼 부서지는 곳으로
길은 무겁게 발걸음을 내딛고 돌아오기도 한다
길은 길 위에 있었고
허공의 깊이 속으로 잠적하며
존재를 감추었다

길은
표정을 감춘 채
아버지 같은 삶을 살았다.

대머리가 되는 꿈

대머리가 되는 꿈을 꾼다
커피 끊고 깨죽 먹으며
대머리 방지한다는 학생의 말을 듣고 부터다
논문 실적과 연말 실적, 승진 경쟁이
머리 위 외뿔로 달아 오른다
밥이 나를 먹고
옷이 나를 입고
땅이 내 다리 위를 걷고
근시된 두 눈에 노을이 피었다
존재란 무엇인가에 대해
훈아형이 '테스형'하고 불렀더니
테스형이 너 자신을 알라고 했단다
어쩌면 좋을까
형들도 모르는 것을
바쁜 삶이 나를 사육하는 한
머리를 쫙 쓸어넘기던

그 멋있는 머리가 한웅큼씩 빠지는 것을
아 그래도, 만약에 대머리가 되어도
쓴 커피처럼 살아야겠다
자신을 알기 위해서가 아니다
속은 온통 쓰나
집에 들어가면 반겨줄
향같은 처자식이 있다
삶의 뿌리가 된 노모가 내 등을 쓸어주면
머리 위의 외뿔이 쑥 들어간다
커피를 끊어야겠다
깨죽을 먹어야겠다.

넘어진 교수님의 문학강의

문학 강의를 하다가
칠판에 여러 가지 정의를 써내려 가다가
조금 높은 강단에서
바닥에 엎어져 뻗어 버리는 실수를 했다
녀석들이 부리나케 달려나오고
한동안 부산을 피웠다
킥킥대며
빨갛게 된 얼굴로 어금니를 꽉 깨문
일그러진 영웅들을 보면서
"제대로 넘어질 때가 있어, 많이 아플 때가 있어.
바로 이거야 이걸 말하기도 해. 문학이... ..."
씩 웃으며 너스레를 떨었더니
강의실이 웃음바다가 되었다.
잠자던 녀석까지 일어나 배시시 웃는다
오늘처럼 이렇게

정직하게 넘어진 적도 없다
솔직하게 마주보고
폭포처럼 웃었던 적도 없다
근심어린 눈빛으로 나를 바라보는 표정이
어여쁘다
강의는 성공적인 것 같다
문학에 대한 나름의 정의를
그들은 오랫동안 잊지 않을 것이다.

첼로

저 깊은 곳에서 흘러나오는
긴 여운의 저음
사십 대 중반의 눈빛을 닮은
착잡한 애수의 선율
묵직한 파동이 손끝 타고 올라오며
마음의 정원에 군자란 꽃을 피운다.

순리

사람들이 무리지어
어디론가 숨가쁘게 달려간다
낙엽이 사람처럼 흘러가는
골목길에 서서
국화꽃이 소리없이 꺾인 채
맞는 이 겨울을
소스라치게
안으로만 맞이해야 할까 보다.

길 가는 법

길을 가다
끝이 난 길가에 드러누워서
흔들리는 줄기를 따라
들꽃의 광장으로 가는
개미를 보고
길 가는 법을 배웠다

땅에 드러누워 영영 눈감은 자를
배웅하던 눈빛이
삶의 길로 나와
허기진 배를 채우는 눈빛 사이
생각의 길과
중간 길목에 앉아
침묵하며 자기 안으로
단단히 걸어 들어가는 돌을 보고
길 가는 법을 배웠다

그 돌로 만든 도시를
안고 있다가
빈 몸으로 사라지는 허공 속 길에서
바람에 떨어져서도
길을 가리키는 삭정이에게서
길 가는 법을 배웠다.

누구도 탓하지 않았다

금방 지나온 공원의 벤치 위로
한 마리 새가 그만 실수를 하고
부끄러워 막 달아났다
누구도 탓하지 않았다
삶은 저 한 마리 새처럼
우리의 둥근 가슴 위를 날아오르기도 한다.

녀석들

오후 다섯 시 초등학교 앞
샛노란 콩들이 자지러지게 튀어나오더니
그보다 좀 큰 땅콩들이 손잡고 굴러나오고
땅꽈리, 개암들이 배시시 웃으며 달려나온다
가을 코스모스가 긴 목을 빼들고
늙은 할미꽃이 뒷짐 지고
다들 서성이다
치마폭에 녀석들을 쓸어 담고 있었다.

추락하는 것은 날개가 돋는다

나는 우주에서 추락한
집 지키는 한 톨의 티끌
어느날 바람이 불어와
가을에 기댄
창문을 활짝 열어 놓았고
그 한순간을 춤추며
화살같이 뛰쳐나갔다
계절의 나들목 위에서
빛들이 초대한
빛들의 고향으로 녹아드는
나는 요정의 눈부신
가을 날개
내 안에는 수많은 입자들이
팔팔 솟구치며
지상의 마지막 꽃들을 피웠다
가을이 주렁주렁 달렸다

이제는 돌아가야 할 시간
추락하는 것은 날개가 돋는다
사랑은 티끌에서부터 시작된다.

경이로운 꽃 숲 위를 스쳐

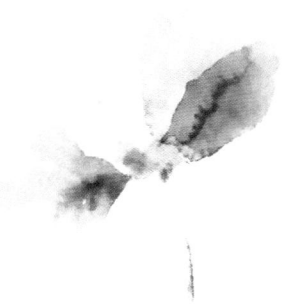

죽음 직전의 사랑

님과의 맹세 따위는 잊어버렸네
원시 부족의 추장녀와 사귀었네
그녀는 양귀비꽃처럼 요염하네
매혹적인 마법을 쓰는 그녀에게
나는 죽음 직전의 사랑에 빠졌네
정글 속의 야수들은 난폭해지고
사랑보다 더 신출귀몰하였네.

무상

저 멀리 풀처럼 돋아난 무덤
이슬이 옷깃을 적셔온다
길을 가면서
새가 푸드득 울고
종소리가 계절을 다그친다
철 아닌 낙엽의 편주扁舟들이
강을 건너 시퍼렇게 사라지는 날
생사의 아지랑이 속에 드리워진 잔약한 버들가지
이마 위에 드리우고
한철 여름 강녘에 서서 버들피리를 분다.

고독

고독을 물끄러미 바라보는 동안
고독도 나를 서늘한 눈으로 바라보았다
나의 섬세한 선의와 악의를
전광화석처럼 알아채고
다시 한번 갈 길을 다짐받고
혼돈의 암흑 속으로 몰아 넣었다
지쳐 있었다 나는
더이상
어둠의 한계를 인내하지 못해
광야로 숨가쁘게 도망갔다
광야에는 어제 심었던 꽃들이
꽃들의 시체가 즐비한 사이로
시간의 먼지가 마구 휘날려 떨어졌다
한 낮을 힘차게 뛰어다니던 빛들은
빛들은 밤을 향해 숨을 거두었다

이 모든 것을
고요한 눈빛으로 바라보며
고독은 내 심장을 꿰뚫었다
나는 어디에도 도망갈 수 없었다
절망은 체념으로 바뀌고
체념은 절망을 인내하였다
예리한 각성이 파랑새처럼 찾아오기 전까지는
불행이란 수만 송이 흑장미와
절망의 가시를
내 가슴과 맨발에 심어 두려고 한다
고독은 나를 그의 왕국의
싸울아비로 초대하고 있었다.

비누

비누는
구석에서 삶을 산다
차지도 뜨겁지도 않다
단조로운 삶에 몰입하며
앞으로 갈 뿐이다
진창길 속에서 더럽혀진 적도 없다
여기저기 번지는 포말을 바라보며
냄새와 때가 낀 옷들을 씻겨주고
향기 속에서 야위어 간다

구석으로 돌아간 비누가
정중히 돌아누워
허공속으로 떠날 준비를 한다.

어느날 오후

어느날 오후
서쪽 창가로 다가가 꽃~처럼 기대섰네
평화를 입에 가로문 서편 하늘
햇살들이 묵향의 춤을 추며
파란 풀밭으로 내려와 석류빛 선정에 들었네
연두빛 왕관을 쓴 오월의 여왕
님 사라진 길목으로
향기로운 침묵과 미소
석류화 꽃으로 피어났네.

벽

벽에 기대며

살았을 뿐

벽을 마주보며

살지 못했다

정좌하고 마주한 벽이

삶의 방향을 돌려 주었다

히말라야보다 높고 아찔한

내 안의 벽

나를 향해

얼마나 애절하게 소리쳤던가

못들은 척, 아니 들으려조차 안 했다

벽 속에 갇힌 장미가

찬 겨울 속에 누워

거울을 껴안고 울다가 흘린

박제 잎이 수북하다

부지런히 살았지만
벽이 되어 있었다
견고한 벽이 되었다
정체를 의심해 본 적 없었다
기대어 있는 시간들이 많았으리라
계절이 병들고 가을을 지날 즈음
장미 넝쿨이 벽을 타고 넘어와
나의 손을 잡지 않았다면
하늘을 향해
서성이지 않았다면
서역을 넘어온 달마가
벽이 되어 열반에 든 사실을
내게 알려주지 않았다면.

신라의 연꽃

연꽃이 그리워
진영을 탈출한 신라 전사의
오후 같은 날
무성한 햇빛이
내 얼굴을 어루만졌다
시공 속 가냘픈 나비의 날갯짓으로
경이로운 꽃 숲 위를 스쳤지만
목마른 샘에는 창백한 영혼이
어깨를 떨고 서 있었다
연꽃을 품지 못한 그날 이후
치욕조차 잊어버린 나는
애욕의 갈비뼈들로
담을 쌓고 정신없이 흘러왔다
헤아릴 수 없이 꿈의 무대에서
영욕의 눈물로 울어버린 몸이여

세월의 강 너머 연꽃은 피고 지고 또 피는데
슬픈 아쉬움에 몸부림치듯
욕된 이름들의 나를 불러 놓고
샘가에 서성이던 영혼에게
다가올 탈출은 얼마나 더 겸손해야 하는가를
물어야겠다
진영을 등진 머나먼 그날로
서늘한 빛들은 가슴을 흘러갔고
그 사이로 피어난 등불은
수려한 연꽃들의 이야기를 들려주었다.

접시

몇해 전부터 품었던 질문
나는 누구인가
어느날 설거지를 하다가
나에게 몸을 맡기며
침묵하는 접시를
물끄러미 바라보았고
우리 둘은 순간 부드러운 관계가 되었다.
맛있는 요리를 먹으면서 풍성한 삶을 살았지만
그의 존재를 몰랐다.
접시는 변두리 삶을 살면서
식탁 한가운데 앉은 나를 위해
자신을 내주었다
접시가 깨지면 서슴없이 버리는 것처럼
섬세히 눈여겨보지 못하는
인간의 입장에서 용서할 수 있는 비열함을
접시는 대지의 흙으로 삭이며

다시 접시로 탄생해 다가왔다
접시는 깨어짐을 위해 준비하였지만
나에게는 분노하는 순간일 뿐
세상의 중심에서
나는 내 속에 갇혀 있었다
날카롭게 무게를 잡고 휘청이며
금속성이 가득한 눈빛과 입으로 판단했던
이 어리석음을
오늘 접시를 응시하면서
이상한 평화가 찾아왔다
쓰고 단 음식을 나는 가리지만
접시는 온몸으로 껴안는다
수시로 빈 몸으로 떠나가 줄 준비를 하고 있다
중심 아닌 변두리에 선 그의 둥근 가슴을 바라보며
접시처럼 둥글어진다.

사랑한 적 없다

순식간에 흘러가는
사람을 사랑한다는 것은
얼마나 어려운 일인가
그대를 감히 사랑한 적 없다
요동치며 흐르는 강물을 사이두고
그대의 모든 것 그냥 바라보려 할 뿐
그러는 내 안에서는
천둥번개가 일고
나뭇가지가 목을 꺾이우며
사슴이 울었다

그대와 나는 사랑한 적 없다
스스로의 세계에서 거친 꿈을 꾸는
외로운 존재일 뿐
이제 각자
가야 할 시간

어느날

나의 자존이

돌덩이 되어 강물에 던져지면

수많은 세월을 연어처럼 거슬러

저 강물 건너편 언덕으로 오르리라

그날 가슴 펴고 편히 숨 내쉴 때

지친 가재 한마리가 품 위로 올라

휴식을 취하리라

그때라면 말할 수 있으리라

그대를 사랑한다고.

고전의 빛 아래

잘 익은 가을
석류알 터지듯
눈이 시리다
하늘 문을 열고 나선 햇빛이
샘물처럼 부서진다
창공을 가로지른 빛이,
빛을 초월한 빛들이
칼날보다도 날카롭다
광년의 이야기들이 여울치며 파닥거린다
눈물 빛이 번뜩이는 내 두 눈에
아득한 초조함이 일어
스스로 기만하는 죽음의 날개 위에서
소멸을 불러오지 못한 티끌의 춤사위에서
눈물은 꽃 되어 피어나니
빛의 흐름이여 환영이여
우주의 사랑과

풍요로운 텅 빔이여

대나무 숲을 지나 우수에 깃든

고전의 빛 아래 선비처럼 기대어 서 있으리라

과거와 내일이 녹아버린 마음의 광장에

가을 침묵이 짐승처럼 다가오나니

내 슬픔과 기쁨을

빛의 옷자락에 떠나 보내면

노을이 가만히 비명을 지르는데

내 이제 철들어

당신의 꿈결로 들어가 그대의 손 꽃처럼 잡고

한 마리 이슬 되어 떠나가리라.

나비가 태어나는 순간

도시의 숲 속을 헤치며
하얀 나비를 찾다가
나를 가끔 잃어버린다
숲 속에는 사람들이 떨어뜨린
아름다운 갑옷 조각들이
발목을 붙잡고
어린아이처럼 서있다
그 예리한 감촉에
한참을 흠칫해서 떠는
여윈 내 눈길 속으로
갑옷 조각들이 보이고
사람들이 터뜨린 축제의 불꽃놀이는
화려하였다
여름날
나비가 태어나는 순간을 목격하였다

도시의 정글 속을 수없이 배회하며
갈증이 현기증으로 찾아올 때 쯤
저 먼 바다에서
나비가 땀을 비오듯 흘리며
배 한 척을 끌고 왔다
도시에는 불꽃놀이에 몰두하는 사람들이
영화 속의 장면이 되어 축제를 즐겼다
나비는 나의 입술을 가만히 키스하고
오던 방향으로 사라졌다.

한 마리 숫사슴처럼

초가을을 향한 길 위로
늦여름의 까만 밤이
흑장미로 피어난다
반라의 편한 몸으로
나이를 꽃처럼 꺾고
별빛이 푸른 밤을 헤엄친다
여름이 익어버린
감나무 한 그루가
한여름 무대 속으로 잠적하고
청춘을 다한 개구리 울음소리
무성하게 하늘을 담는다
안으로 눈을 감아야겠다
서슬 푸른 은하수에 묻혀가는 눈빛이
부끄럽지 아니할 내 영혼을 이끌고
가을의 숲 속 깊이로

한 마리 숫사슴처럼 걸어가고 있었다
나는 나를 사랑할 것이다.

훗날 당신을 만나면

나
훗날 당신을 만나면
가슴에 꽃씨가 박힌 듯
그 괴로움에 행복해
목놓아 울리라
그리고 아무 일도 없는 듯
푸른 하늘의 빛으로
나를 베어 당신께
천도제의 향연을 올리리라

나
훗날 당신이 내 곁에 머물러도
무심히 바라만 볼 뿐
기다리고 또 기다리리라

언젠가

내 정원에 활짝 필 꽃들

한 가슴 정히 품고서

당신 따라

저 강 너머로

날카롭게 흘러갈

사랑할 날이 있으리라.

님 1

님만
님이 아니라
나 역시 님의 아름다운 님이기에
님이라고 부르지요

님만
님이 아니라
그대 역시 님의 어여쁜 님이기에
님이라고 부르지요

하오면 언젠가
달갑지 않아도
서로 님이라고 불러 주어야겠습니다

축복을 듬뿍 담은 향나무 토막이
양쪽 기슭을 위태롭게 가르며

바다로 흘러갑니다
사랑조차 망각한
님의 옷자락을
아기고래 한마리가 꽉 물고
님의 청아한 노랫소리에
목이 시리도록 춤을 춥니다.

님 2

노을빛 묻은 초라한 길목에 서서
여로에 지친 사람들을 기다리는 님이시여
님은 청산을 향한 풀들의 연가 불러주고
산속 길 일몰의 고향으로
순록처럼 사라져 갑니다

한겨울 야윈 새들을 위해
감나무 위 홍시로 남는 님이시여
님은 그들에게 마지막 빵이 되어주고
허공 속으로 수척해지며
꽃 되어 열반합니다

사람 떠난 빈 성에서
바위 된 심장으로
두견새, 검푸른 이끼 불러오는 님이시여
님은 황성 옛터의 달빛과 사랑을 나누며

밤이 건낸 참이슬 술로 언 몸을 가눕니다
새끼 신천옹 한 마리
마음 둥지에 기른 님이시여
천상병 시인의 눈빛 닮은 민들레꽃
마당에 심었던 님이시여
신천옹과 민들레의 등을 따뜻하게 보듬고
님은 사람처럼, 바보처럼, 바람처럼 살다 갑니다.

님 3

엄동설한 빛이
정수리에 들어박혀
그들의 가슴에 꽃이 필 무렵
님은 사계절의 피를
깡그리 마시고 온다고
약속했지요

하오나
나는 님을 잘 모릅니다
님이 옆에 다가와 계셔도
누군지 모릅니다
님은 자신이 님인지조차 모르기에
망설임 없이 님이라고 불렀습니다

사람들은 님이 미쳤다고 합니다

자유의 이름에 갇힌

사람들을 찾아 떠난 길에서

님은 미쳐 있었습니다

저잣거리에서 춤추는

누추한 모습에

나는 내가 부끄러워 목이 메였고

서러웠습니다

석양을 배경으로 한 장터에서

목놓아 부르는 노랫소리에

나는 나의 무지함에 괴로웠고

서러웠습니다

모든 것을 망각한 님은

사랑을 모릅니다

허나 사랑을 몰라

사랑을 할 수 있었고

유혈이 낭자한 사랑을
할 수 있었던 게지요
님은 바보였습니다

서릿발치다가도
샘물처럼 맑아지는
투명한 눈빛 속에
세상은 빛을 부릅니다
시퍼런 검을 치켜들고 선
눈물 고인 님의 눈빛 속에
세상은 여전히
흙물 속에 피어나는
청산 속의 꽃이랍니다.

이제 사과배를
정직하게 이해하는 시간

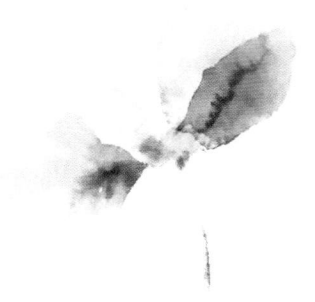

별들의 숲

한낮의 북풍에 부대끼며
눈을 감았던 사람들
밤에 기대여 하늘을 본다
별들이 빛의 줄기와 가지를 타고
푸른 숲을 이루어 바다처럼 설레이면
사람들은 아름다운 나무가 되어 버린다
나무들은 숲을 머리 위에 이고
서로 멀리 서서
대지에 호흡을 맞추며
어둠의 긴 터널을 뚫고
뿌리에서 다른 뿌리로 다가간다
부끄럽지 않았지만
휘청이던 사람들
어두운 골목에서
불꽃처럼 스러지지 않았던 영혼들이

나무들 긴 호흡의 끈을
꼭 부여잡고 올라오며
영롱한 별이 되었다
사람이 서 있는 대지는 강건하다
한낮은 바람이 불고
먼지가 수 없이 일었다
곧 어둠이 몰려오는 밤의 시간들
민들레 꽃처럼 피어나는
별들이 등대지기가 되어주면
나무는 환한 밤길을 재촉하고
숲은 울창해지리라.

진달래꽃

어두운 역사의 뒤안길에
등불이 되었던 어머니와 누이들
바람 추운 날이면
산과 들 수놓으며 봄을 불러온다
보리고개 오면
아이의 허기진 배 채워주고
눈시울 적시며
지켜온 땅은
소스라치게 아름다웠다
봄 가는 날 한 몸 내던져
한여름에 닿지 못한 꽃
고향으로 다가서지 못해
산에서 울었던 환향녀의 진붉은 혼이
칼바람에 서성이던 연분홍 혼이
손잡고 모여 진혼무 추면
유약했던 선비의 술잔 너머

한쪽 하늘이 서럽고

이별에 익숙한 몸부림은

불타는 빛들을 휘뿌리어

강산의 유정有情을 밝혀주었으니

노을빛 강물 속으로

청산이 흔들리면

어머니와 누이의 부름 소리에 이끌린 사람들이

마음 한자락 진달래꽃 피우러

산으로 하늘로 첨벙첨벙 달려갔었다.

사과배

깊은 단맛과 시원한 맛을 아우른
동토의 사과배
사과배는 사과배로 거듭나기 위해
역사를 밤새우며 살아왔다
비바람을 비집고 오느라
얼마나 버거웠으면
온 얼굴이 빨갛게 물들어 있을까
따가운 햇볕과 바람에 그을려
아버지와 삼촌의 얼굴을 한 사과배를
눈높이에 맞추어
갈등으로 그늘진 얼굴을 묻고 향기를 맡으면
내가 나를 좋아하게 되는 이 용기가
사과배가 수액을 이끌고 숨을 고르듯이
온몸에 잔잔한 율동으로 느껴진다
식탁에서 마무리되는 한 해의 결실

그 희생과 운명에 대하여

이제 사과배를 정직하게 이해하는 시간

사과배를 끝까지 먹어보았는가

눈물색 단물을 흘리며

서늘한 빛깔의 몸을 던져

이웃의 슬픈 폐를

어루어만져 주던 사과배의 사랑을

그러나 아름다운 맛을 내 주기만 했던

사과배의 심장에 입술을 가져가기도 전에

우리는 그 맛을 알았노라고

가볍게 말했었다

어쩌면

떫고 쓴 맛을 간직한 씨앗과

씨앗을 껴안고 역사처럼 딱딱하게 굳어진

씨방의 맛에 질려서

사과배의 맛을 알았노라

서둘러 말했을 수 있지만
내년에도 사과배는 사과배로 거듭나기 위해
세월을 흔들고 갈 것이다.

꽃씨

죽은 꽃
아름다운 씨앗을 조심스레 골라
엄동설한 가슴 언저리에 무심히 묻었다가
이듬해 봄 되어 얼음 풀린
대지에 휘뿌리면
다시 빛나는 꽃으로 피어나리라.

꽃나무

어둠 속에서
한 송이 꽃을 피웠을 뿐인데
어찌할 바를 모르며
몸을 떨고 서 있다
한줄기 희망을 꼭 부여잡고
고개를 들었다
꽃들이 피고 피어
밤을 향해 날개를 펼치니
별들이 창문을 연다

꽃이 나무로
나무가 꽃으로
하염없이 달리면서
남몰래 자란다
꽃이 되는 나무 길과
나무가 되는 꽃 길과

그 사이 길로
새로운 세상들이 밝아 오고
여명이 지나 세상 밖의 새들이 날아 들어서는
한참을 둥지 틀고 부산을 떨었다.

지렁이

비 오는 날
빗속을 뚫고 가는 용을 보았다
사막 같은 콘크리트 바닥에서 나신으로 가는 용을
탐욕이 흘러내리는 장마에 숨쉴 수 없어
흙의 궁전을 떠났다
창백한 대지에
땀을 흠뻑 흘리며
고개를 폭풍처럼 흔들며 갔다
우레와 같은 비명 소리를 누구도 듣지 못했다
하늘을 향해 간절히 기도하는
눈물 흘리는
지구의 용을
흙이 있는 조그만 수풀 속으로 옮겨 줬다
용은 잠시 긴 한숨을 내쉬고 풀 속으로 사라졌다
무덤 속으로 사라졌다

얼마 남지 않은 땅마저 잃은 인디언처럼
용은 땅을 찾아 나서다
가난한 인간들의 콘크리트 바닥에 올라선 것이다.

죽음을 앞둔 신천옹

출입문 두드리듯
죽음이 찾아온다
갈 채비를 마치고
삶의 문 열고 나가 한 시절 보내리
병 깊은 세상의 초조함에 놀란 육체의 둥지에
새끼 신천옹 한 마리를 길러
가슴앓이 하다가 지상을 밟게 하리
사람의 삶에 실망하는 법, 아니 미워하는 법 배우며
날파람 갖지 못한 모습으로
벼랑 끝까지 다가가게 하리
육체를 버리는 날
포효하는 바다를 바라보며
두려움에 파도를 일으킨 평상심을 찾으리
무거운 희열 잠재우며 폭풍우를 기다릴 때
가슴 졸이며 비웃음 받았던

자유의 두 날개 펼쳐 세상과 이별하는 때
연인의 숨결 그 섬세한 흐름으로
폭풍 속 숨을 멈추고 바람을 타며 흐르리
천둥이 꽃처럼 터지며 나를 보낸다
별빛이 내려와 춤추는 피안의 언덕
바보 같지만 용감한 사람들이
초혼의 피리를 불고 있다.

양

양은
산이 병들면서
목장의 양이 되었다
양심 있는 가게라고 이름난
양꼬치 구이점에 갔더니
순한 양 한마리가 양심羊心이 멎은 채
유리창을 사이 두고 살점을 뜯기우고 있었다
사람들은 자기들의 먹거리가
틀림없는 양고기임을 확인하며
까만 숯불에 고기를 구워 먹고 있었다
양고기가 팔릴 수록
목장 안의 양이 줄어들고
양꼬치 구이점에는 사람들이 줄 지어 선다
늑대가 온다고
거짓말을 하던 양치기 소년이
거짓말을 하지 않아도 되었다.

가난한 시절

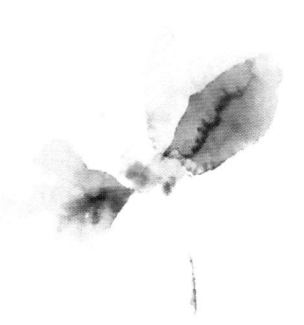

아버지

산이었지만
풀처럼 낮추며 살았다
하늘이었지만
길처럼 엎드리며 달렸다
'괜찮다'가 아닌
'일없다'로
당신의 삶 아닌 가족의 삶을 싣고
서울이란 급류에 배 띄우며 키 잡고 노 저으셨다
누가 봐도 이방인인 당신은
왜소한 몸에 배낭 지고
어둠 실린 지하철의 창밖을 바라보며
일터를 주름잡았다
밤늦게 이고 온 별, 새벽녘에 다시 켜고
두고 온 어린 삶들 앞에 경건하느라
인생이 어깨처럼 안으로만 휘어졌다
서울의 아파트에 살진 못했어도

아파트 구석구석 손금보듯 알고 있어
호시절 굳센 나이는 막노동에 묻어버리고
삼십 년 인욕의 세월을 막걸리잔에 부어 마셨다
지금은 안방에서 서늘하게 낮잠에 드셨다
어느 순간부터 어머니보다 나약해진 모습
서울 떠나는 자식에게 손 흔들어 주시다가
멋쩍으신지 지하철역에서 아이처럼 서성이던 당신
벚꽃 날리는 경복궁, 청와대에 구경 갔다가
체험관의 대통령 자리에 앉아 남몰래 폼 잡으셨다
어버이 왕은 궁전에만 있었던 건 아니었다.

곱돌비빔밥

겨울 고향에 가면
늙으신 어머니가 곱돌비빔밥을 해준다
뜨겁게 달구어지는 곱돌
밖에서는 싸락눈이 내린다
집안에는 흘러간 세월들이
불길을 타고 새순처럼 돋아나고
세월 속에 감추어진
어머니의 여름 나날들이
잔잔한 물결이 되어
산과 들과 꽃들을 싣고
노을진 비빔밥을 만든다
허기진 마음을 달래며
비빔밥을 입에 넣는다
추운 세상을 서성이던
나의 어깨에
힘이 싹튼다.

어머니 1

찬바람 몰아치는 춘삼월
나물 캐러 들로 갔다가
언 땅에서 아이를 등에 업고
꿋꿋이 서있는 달래를 보았다
희망의 줄기로 대지를 뚫고서
달래는 가장 추운 봄날의 문턱을
넘어서고 있었다.

어머니 2

어머니의 푸른 청춘이
밀물처럼 잠깐 다가왔다가
바다로 돌아갈 때
나는 그 뒷모습을
소중하게 여기지 못했다

어머니의 사랑이
거대한 파도가 되어
폭풍을 흔들며 부서질 때
나는 그 몸부림을
마음으로 지켜보지 못했다

세월이 흐른 어느날
갈매기들이 나지막이 소리치며
어머니의 손처럼 흔들고 사라지려 할 때
나는 물가에서

흔들리는 눈빛으로
그 모습을 견뎌야 했다
바다의 지평선 너머
어머니의 이야기들이 희미해져 갈 때
하루에도 끝없는 희생이
밀물처럼 쓰러지며 나의 백사장을 적시고는
먼 바다로 돌아갈 때

나는 물가에서
조약돌이 되어
그 하얀 뒷모습을
하염없이 바라보아야 했다.

* 이 시는 어머니가 병환으로 입원하셨을 때 쓴 시다. 어머니가 건강을 회복하신 것이 눈물겹도록 고맙다. 어머니가 천수를 누리시기를 간절하게 소망한다.

형

나이 들어
아버지의 얼굴이 된
억척스럽게 돈을 버는 형을 보면서
저렇게는 인색하게 안 산다고 했다

새벽같이 찬바람 속으로 나서는
아버지 같은 삶을 사는 형을 보면서
저렇게는 지치게 안 산다고 했다

형수의 타박에
언제부터인지 가만히 웃기만 하는
아버지 같은 삶을 사는 형을 보면서
저렇게는 나약하게 안 산다고 했다

형의 삶에 겹친 아버지의 세월이
새벽 유리창으로 새어든다

평형을 잡고 안간힘 다해
먹이 찾아 떠나는
까칠한 어미새가 마음에
둥지를 틀기 시작했다.

누룽지

흰 밥을 만들기 위해서
솥 밑에 깔려
불길의 뜨거움을 안아야 했다
그래서 까맣게 탄
엉겨붙은 쌀들의 퍼즐 조각
자세히 보면
뭉개지고 깨지고 포개지면서
서로를 떠나지 않은
쌀알들의 의지와
결연한 희생
땅에 붙어 일하던 내 아버지 어머니들의
흙먼지와 햇볕에
그을린 얼굴을 닮았다
부엌의 한 쪽 그릇에 놓여
연회상에 오를 순 없었지만

가난한 시절
내 동년의 허기를 든든히 채워주고
가장자리 영혼을 위로하던
소박한 양식이여
땅에서 태어난 양심이여.

미역

푸른 바다의 초원에서
식탁으로 올려진 미역
내가 세상에 태어나기 전에 미역은
바다에서 육지로 올라와
할머니의 손길 거쳐
어머니의 아픔을 풀어주었다
내 몸의 원소가 되었다
냄비에 미역을 넣고 볶는다
바다의 소리를 서럽도록 내다 울음 그치고
바다의 깊은 맛을 낸다
세파에 터진 살과
비탈길에 지친 뼈를
치유하는 정성
자식 앞에 한없이 부드러워지는
할머니와 어머니의 마음처럼
미역은 물 속에서 자신을 부풀리고 부풀렸다

세상살이에서
나약한 몸을 일으켜 세우려고
먼 바다에서 미역이 왔다
고향을 떠나며 옷섶을 눈물로 적신
조선의 할머니, 어머니들처럼
미역은 가냘픈 몸에
흰 눈물을 쓰고 왔다.

꽃은 한 번밖에 피지 않는다

초판 1쇄 발행 2023년 8월 30일

지은이 김영수

펴낸곳 도서출판 설렘
주소 18526경기도 화성시 팔탄면 아랫사내길20-3
도서주문 031-293-0833
이메일 cheonganbook@naver.com

값 13,800원 ⓒ 김영수, 2023
ISBN 979-11-982677-3-3 93810

이 책은 저작권법에 의해서 보호를 받는 저작물이므로
무단 전재와 복제를 금합니다.